¡Hola, gallinas!

1

MARAVILLAS ANIMALES 47

LAS GALLINAS

KATE RIGGS

CREATIVE EDUCATION | CREATIVE PAPERBACKS

¡OYE, EMPECEMOS A PONER ALGUNOS HUEVOS!

tabla de contenido

Publicado por Creative Education y Creative Paperbacks
P.O. Box 227, Mankato, Minnesota 56002
Creative Education y Creative Paperbacks
son sellos editoriales de The Creative Company
www.thecreativecompany.us

Diseño de Wyeth Morgan
Dirección artística de Blue Design (www.bluedes.com)

Imágenes de Getty Images/narvikk, 3, 20–21, THEPALMER, 10–11; iStock/SimplyCreativePhotography, 17; Pexels/Brett Jordan, 4, Ellie Burgin, 1, freestockpro, 6–7, Pixabay, 16, Quang Nguyen Vinh, 14–15, Samer Daboul, 2; Shutterstock/Jugkit tanakittachakorn, 18–19; Unsplash/Brooke Cagle, 8–9, Europeana, portada (centro), Jan Baborák, 13, Jordan Whitt, portada (derecha), Steven Van Elk, 24, Zachariah Smith, 23; Wikimedia Commons/public domain, portada (izquierda)

Library of Congress Cataloging-in-Publication Data
Names: Riggs, Kate author
Title: Las gallinas / Kate Riggs.
Other titles: Chickens (Marvels) Spanish
Description: Mankato, Minnesota : Creative Education / Creative Paperbacks, [2026] | Series: Maravillas | Translation of: Chickens (Marvels). | Audience term: juvenile | Audience: Ages 4-7 Creative Education / Creative Paperbacks | Audience: Grades K-1 Creative Education / Creative Paperbacks | Summary: "An introduction to chickens, this beginning reader features eye-catching photographs, humorous captions, and basic life science facts about these friendly domestic birds. This Spanish text includes a labeled image guide, glossary, and index"— Provided by publisher.
Identifiers: LCCN 2024053408 (print) | LCCN 2024053409 (ebook) | ISBN 9798889898658 library binding | ISBN 9781682779057 paperback | ISBN 9798889899440 ebook
Subjects: LCSH: Chickens—Juvenile literature
Classification: LCC SF487.5 .R54618 2026 (print) | LCC SF487.5 (ebook) | DDC 636.5—dc23/eng/20250202

Impreso en la India

Las gallinas viven en granjas. ¡Algunas pueden vivir en los patios! Un gallinero es una casa para las hembras.

MMM... ¿QUÉ DEMONIOS PASA CON LA AVENA?

Las gallinas con plumas son aves. Pueden ser marrones, blancas, negras, amarillas o de otros colores.

En la parte superior de la cabeza, tiene una **cresta** suave. Debajo del pico cuelgan colgajos de piel.

LA PIEL DEBAJO DEL PICO SE LLAMA BARBILLA.

Las gallinas escarban la comida en el suelo. Comen semillas y granos. A veces también comen insectos.

¡UN BICHO!
¡NO VEO BICHOS!

LAS GALLINAS PONEN APROXIMADAMENTE 1 HUEVO CADA 24 A 36 HORAS.

Una gallina pone huevos en un nido. De los huevos salen pollitos. Los pollitos siguen a su madre.

Las gallinas picotean la comida. Cacarean y se llaman entre ellas. Las gallinas ponen huevos.

¡KIKIRIKÍ!

¡Adiós, gallinas!

[Imagina una gallina]

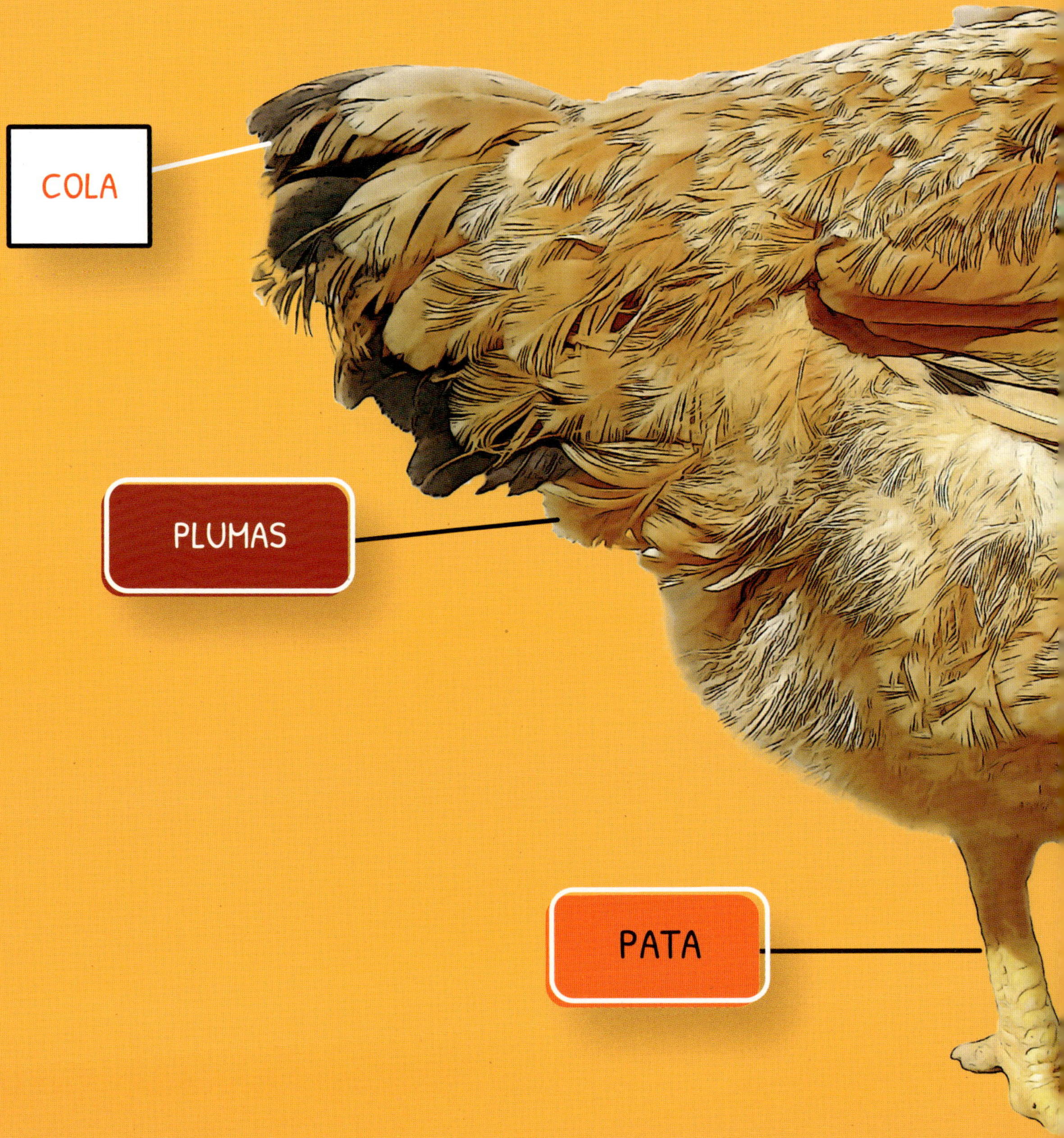

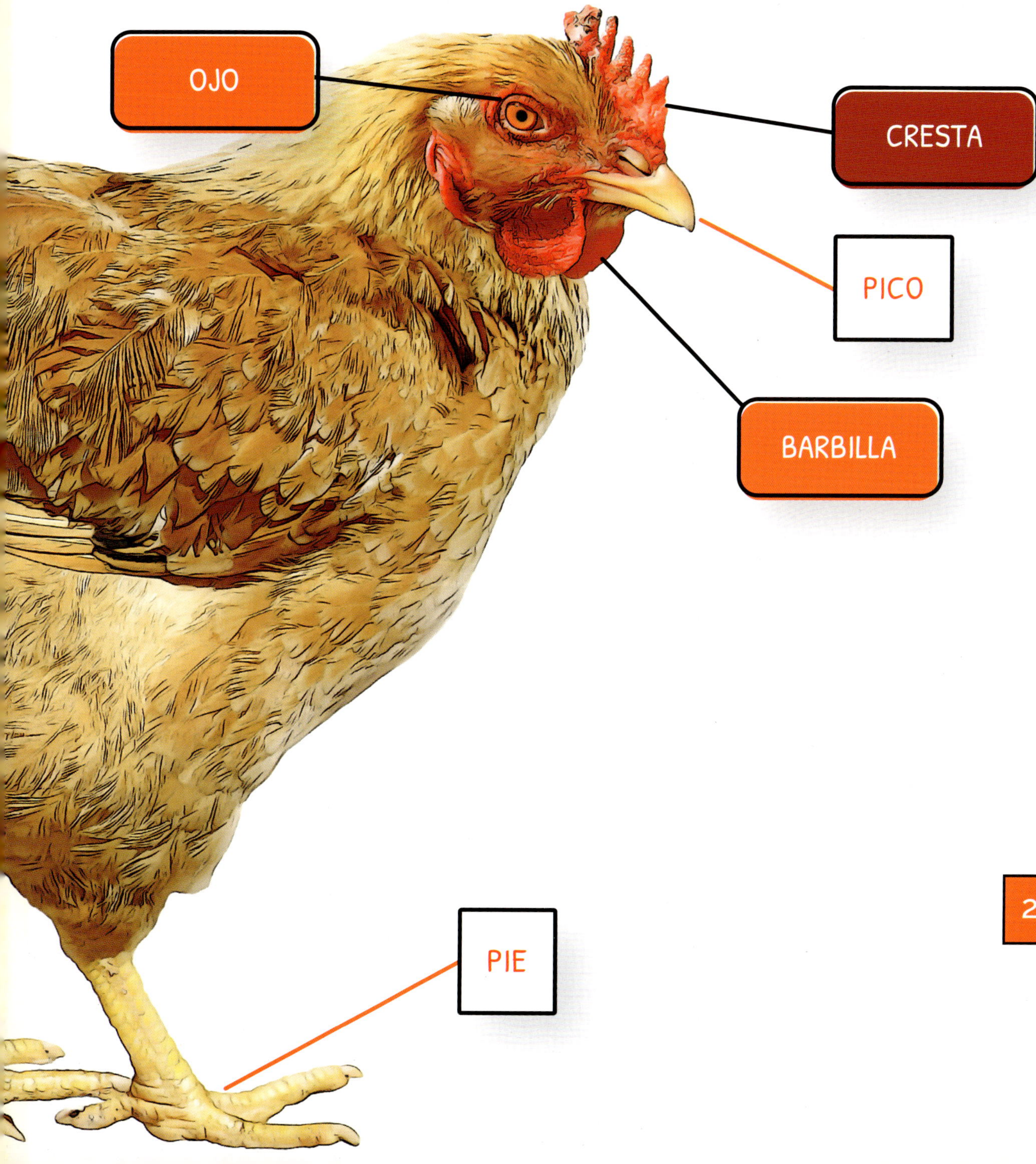
OJO
CRESTA
PICO
BARBILLA
PIE

PALABRAS QUE DEBES CONOCER

cresta: la parte carnosa y con bordes ondulados que sobresale de la parte superior de la cabeza de una gallina

pico: la parte delantera dura de la boca de un pájaro

ÍNDICE ALFABÉTICO